ÉCLAIRAGE ÉLECTRIQUE
de THONON-LES-BAINS

TRAITÉ & CONVENTION
du 1er MARS 1898

AVENANT AU TRAITÉ
du 31 DÉCEMBRE 1910

LETTRE
DE LA
SOCIÉTÉ ÉLECTRIQUE D'EVIAN-THONON-ANNEMASSE
du 31 Décembre 1910

THONON-LES-BAINS
IMPRIMERIE DUBOULOZ
—
1911

Mod. 68 — 11-11 — 500

TRAITÉ & CONVENTION

POUR

L'ÉCLAIRAGE ÉLECTRIQUE

DE THONON-LES-BAINS

Entre la Société l'UNION ÉLECTRIQUE, ayant son siège social 4, rue de la Paix, Paris,

Et M. PINGET Louis, agissant en qualité de Maire de la commune de Thonon-les-Bains (Haute-Savoie),

Il a été convenu ce qui suit :

CHAPITRE PREMIER

Obligations générales, concession de l'éclairage

ARTICLE PREMIER

Substitution de la concession de l'éclairage au gaz

1° L'Union électrique est autorisée à se substituer au concessionnaire actuel de l'éclairage par le gaz. Cette autorisation est accordée sous la condition que ladite Société installera à Thonon l'éclairage électrique dans les délais et sous les clauses ci-après fixés.

Prorogation de la concession d'éclairage

2° Sous cette double condition de substitution et d'installation d'énergie électrique, et sous les clauses et charges suivantes, la concession dans le bénéfice de laquelle la Société ou ses ayants-droit se proposent de se substituer, sera prorogée jusqu'au 1er janvier 1938.

Nouvelles conditions de la concession d'éclairage

3° La commune de Thonon concède à la Société, pour la durée ci-dessus fixée, mais sous les mêmes conditions, le droit d'établir, entretenir et développer sur ou sous le domaine public communal, un réseau de canalisation et le matériel nécessaire pour la distribution d'énergie destinée à l'éclairage électrique de la commune et des particuliers.

La même canalisation pourra être affectée par la Société au transport de force motrice, à ses risques et périls, sans toutefois que cette faculté puisse en aucun cas, constituer un monopole en sa faveur.

M. le Maire s'engage à demander à M. le Préfet de la Haute-Savoie, toutes les permissions de voirie, et autres autorisations nécessaires pour l'établissement des ouvrages de la distribution d'électricité sur les voies nationales, départementales et sur les chemins de grande communication et d'intérêt commun.

La Société devra remettre à cet effet, à M. le Maire, dans le délai de deux mois à dater du présent traité, toutes les pièces et documents nécessaires.

4° Pendant toute la durée de la présente convention, la ville s'interdit d'autoriser ou de favoriser sur les propriétés communales, tout établissement pouvant faire concurrence à la Société concessionnaire, pour la fourniture de lumière.

En conséquence, la commune de Thonon-les-Bains s'engage à ne jamais faire quoi que ce soit, à ne jamais prendre aucune mesure municipale ayant pour conséquence la création de difficultés ou d'empêchements à l'exploitation de l'éclairage concédé en général.

Toutefois, la Ville se réserve le droit d'accorder l'autorisation de poser des conducteurs sur ou sous la voie publique, à un propriétaire ou à un industriel voulant transporter de l'une à l'autre de ses propriétés ou locaux, un courant d'énergie électrique destiné à l'éclairage de sa seule industrie ou à son éclairage personnel.

5° La Société s'engage à installer et à entretenir à ses frais, les lignes et canalisations nécessaires à la fourniture de l'éclairage électrique, dans toutes les parties de la commune où le dit éclairage électrique devra fonctionner, conformément aux clauses du présent traité.

Ce service d'éclairage devra fonctionner au plus tard dans le délai d'un an, à partir de la date des autorisations nécessaires à obtenir de l'autorité supérieure, pour l'installation générale, c'est-à-dire dès que la Société concessionnaire sera munie de toutes les autorisations administratives nécessaires pour l'exécution des travaux.

Etendue de la concession

6° Le privilège concédé s'étend à tout le domaine public communal, mais la Société concessionnaire devra établir actuellement les deux réseaux de fils ou de câbles conducteurs principaux ci-après décrits :

Réseau Urbain. — Il comprend l'agglomération de la ville de Thonon, avec un périmètre de six cents mètres dans toutes les directions à partir de l'emplacement actuel des bureaux d'octroi.

Le groupe des maisons de la *Cornelière* est admis comme existant dans le périmètre des six cents mètres.

Réseau Suburbain. — Il part de la Dranse, à son intersection avec la route nationale de Thonon à Evian, traverse le village de Vongy, le village de Concise, le village de Rives, celui de Corzent, celui de Marclaz, et se termine à Morcy.

Il comprend également le village de Tully, à desservir par Vongy, Concise ou la Cornelière.

Sont considérés comme faisant partie du village de Rives, le port de Rives et les chemins ou quais y aboutissant créés ou à créer.

7° La Société concessionnaire ne sera tenue d'augmenter ce réseau que lorsque les demandes d'abonnement lui assureront une recette égale à quinze pour cent de la dépense à effectuer pour cette canalisation nouvelle.

Les demandes devront être garanties par des polices contractées pour une durée d'au moins six années.

ART. 2

Droit de cession

Le bénéfice de la présente convention pourra être cédé par la Société, avec l'autorisation de la Ville, à toutes les sociétés ou particuliers présentant les garanties voulues.

CHAPITRE II

Usine. — Installations électriques générales et particulières

ART. 3

Conditions générales des installations électriques

L'usine génératrice de l'énergie nécessaire sera située à Chevenoz, sur la rivière de la Dranse.

Son importance devra répondre à tous les besoins de l'éclairage public et particulier.

En tous cas, la Société concessionnaire s'engage à fournir le maximum d'énergie nécessaire pour produire un éclairage absolument parfait.

Les appareils employés devront être des plus perfectionnés, et les installations faites avec tous les soins désirables pour permettre de fournir une lumière de toute première qualité, parfaitement blanche et fixe, dans les lampes à incandescence comme dans les lampes à arc.

Il sera notamment prévu une ligne spéciale pour Thonon, indépendante de celle d'Evian. Ces deux lignes distinctes seront reliées l'une à l'autre par un circuit de raccordement entre Evian et Thonon.

Le réseau municipal sera pourvu des postes de transformateurs jugés nécessaires au bon fonctionnement de l'éclairage, à son sectionnement rationnel, à sa sécurité.

La commune de Thonon aura le droit de faire contrôler les installations et leur fonctionnement. A cet effet, la Société concessionnaire tiendra à la disposition de la Ville les appareils de mesurages électriques ordinairement en usage dans les stations électriques.

ART. 4

Conducteurs électriques principaux

La Société concessionnaire pourra choisir pour la pose des conducteurs, soit le mode aérien, soit le mode souterrain. Elle pourra aussi faire une installation mixte, mais elle devra se conformer à toutes les prescriptions administratives concernant l'établissement, la surveillance et l'entretien de ses lignes et appareils, et se soumettre à tous arrêtés préfectoraux à intervenir, ainsi qu'à tous règlements et permissions de voirie ou autres, faits ou à faire par l'autorité compétente, comme aux mesures de police qui pourraient être prises pour assurer la liberté et la sécurité de la circulation. La Société devra réparer à ses frais les dégradations faites par ses travaux à la voie publique, et elle sera responsable vis-à-vis des tiers, des dommages pouvant résulter de ses travaux.

Dans le cas où la disposition des canalisations viendrait à former quelques obstacles à des travaux projetés par les administrations supérieure ou municipale, la Société devra faire subir à ses canalisations, sans frais pour la Ville, les modifications qui lui seraient indiquées.

Les installations à faire sur les propriétés communales devront être approuvées par l'administration communale.

La Société devra s'adresser à l'autorité compétente en ce qui concerne les autorisations à obtenir, et la ville lui prêtera son concours pour l'obtention de ces autorisations.

La nature des canalisations aériennes ou souterraines sera indiquée dans les documents à fournir par la Société pour obtenir l'autorisation de l'autorité supérieure.

ART. 5

Appuis des canalisations

L'administration municipale donnera gratuitement à la Société le droit aux appuis des fils aériens sur les immeubles appartenant à la Ville, et lui prêtera son concours moral pour l'aider à obtenir ces points d'appuis sur les immeubles particuliers.

Dans le cas de difficultés insurmontables à ce sujet, la Société demandera au Conseil municipal de lui fixer les endroits où elle devra placer les poteaux pour le support de ces fils.

Ces poteaux seront métalliques dans l'enceinte formée à Thonon par les bureaux actuels d'octroi, et d'un modèle à choisir d'un commun accord avec la Municipalité.

Les canalisations seront placées conformément aux prescriptions administratives à intervenir ; elles seront établies de manière à pouvoir alimenter tous les immeubles compris dans le périmètre décrit à l'art. 1, § 6.

ART. 6

Dérivations et installations particulières

Les dérivations particulières seront payées par les consommateurs ou abonnés.

Elles seront fournies et installées par la Société dans tout le parcours de la voie publique et dans l'intérieur des maisons jusqu'au compteur. La Société aura aussi seule le droit de faire les travaux d'entretien et de modification de branchements depuis les circuits principaux et y compris le compteur.

Les compteurs seront fournis et posés par la Société ; ils seront conformes aux types adoptés par la Municipalité, et poinçonnés par elle.

Les fournitures et installations seront faites aux prix faisant l'objet d'un tarif à établir d'un commun accord entre la Société et la Municipalité.

Les prix de ce tarif ne devront pas dépasser ceux des villes de Paris et de Genève, au choix de la ville de Thonon.

Ces tarifs seront révisables tous les trois ans, par la Municipalité de Thonon, la Société entendue.

Mais les abonnés ne seront pas tenus d'acheter les compteurs, la Société prenant l'engagement de mettre des compteurs en location chez les abonnés en se conformant aux tarifs ci-après énoncés :

TARIF MAXIMUM POUR LA LOCATION DES COMPTEURS

Tout abonné qui aura payé le prix mensuel de location indiqué dans ces tarifs, pour les six mois de la saison, soit du 1er mai au 1er novembre, sera par le fait exempt de payer une location quelconque pour les six autres mois de l'année.

	Puissance du compteur	Taxe mensuelle
Compteur horaire *(quelle que soit la puissance)* .		1 fr. »»
Compteur d'énergie . .	600 watts	3 fr. 40
— —	1.200 —	4 25
— —	2.400 —	5 15
— —	6.000 —	6 »»
— —	12.000 —	7 »»
— —	18.000 —	8 »»
— —	24.000 —	9 »»
— —	36.000 —	10 »»
— —	48.000 —	11 »»
— —	72.000 —	13 50
— —	96.000 —	16 »»

TARIF DES DÉRIVATIONS PARTICULIÈRES

Provisoirement, le tarif des dérivations partielles est fixé comme suit :

Pour une à dix lampes, du circuit principal au compteur, lorsque la canalisation passera dans la rue : 10 fr.

Lorsque l'immeuble à éclairer sera situé à plus de dix mètres de la canalisation principale, il sera dû un franc en plus par mètre linéaire. Cette installation comprend les soudures, les isolateurs et les fils.

Au-dessus de dix lampes, augmentation proportionnelle avec bonification sur le tout d'au moins 25 o/o.

ART. 7

Installations intérieures. Appareillage

L'abonné pourra faire faire par qui bon lui semblera l'installation intérieure et l'appareillage.

Dans le cas d'abonnement à forfait, les lampes devront être fournies, posées et scellées par la Société.

Les installations ainsi faites ne pourront être mises en service qu'après vérification et réception par un agent des concessionnaires, en présence du délégué de la Ville.

Dans cette réception, on constatera non seulement que l'installation a un isolement électrique suffisant, mais encore qu'elle est faite selon les règles de l'art.

Cette réception faite, l'abonné aura pour produire de la lumière, la libre disposition du courant électrique qui aura passé par son compteur. Il restera seul responsable des conséquences du passage du courant électrique et de toute son installation dont il conserve la surveillance. Mais si l'abonné veut introduire dans son installation des modifications susceptibles de changer le nombre ou la puissance lumineuse des lampes prévues dans sa police d'abonnement, il devra préalablement en prévenir la Société concessionnaire, sous peine de poursuites, et faire constater les modifications dans un avenant à sa police. Les travaux et fournitures pour les abonnés seront facturés d'après un tarif approuvé par le Maire, et dont les prix de base seront ceux de la ville de Paris ou de Genève, au choix de la municipalité.

Dans le cas où les abonnés feraient choix d'appareils de luxe dont le coût ne serait pas prévu au tarif, ces prix seraient débattus de gré à gré entre eux et la Société, et ils resteront toujours maîtres de s'adresser à qui bon leur semblera pour cette fourniture.

CHAPITRE III

Fourniture de l'éclairage électrique public et particulier

§ I. ECLAIRAGE DES PARTICULIERS

ART. 8

Conditions des abonnements

Les conditions d'abonnement feront l'objet d'un modèle de police approuvé par le Maire. La Société devra fournir l'électricité à toute personne qui aura contracté une police d'abonnement pour deux ans ou au moins deux saisons consécutives, à la condition que l'immeuble dans lequel la lumière devra être installée soit situé dans l'intérieur du périmètre fixé par l'art. 1er, § 6.

Les abonnés auront la jouissance de la lumière le jour comme la nuit, sauf un arrêt de deux heures par vingt-quatre heures, en cas de nécessité. Les droits de timbre, des polices et des frais d'enregistrement sont à la charge des abonnés.

L'électricité pour l'éclairage sera vendue soit à forfait soit au compteur.

La Société s'engage à ne pas dépasser les tarifs maxima suivants :

I. ÉCLAIRAGE PAR LAMPES A INCANDESCENCE A FORFAIT

Lampes de saison du 1ᵉʳ mai au 1ᵉʳ octobre

Lampe de dix bougies	25 fr.
Lampe de seize bougies	30 fr.
Lampe de trente-deux bougies	50 fr.

Lampes annuelles

Lampe de dix bougies	35 fr.
Lampe de seize bougies	45 fr.
Lampe de trente-deux bougies	70 fr.

La bougie prévue à ce traité correspond comme pouvoir éclairant au dixième de la lampe Carcel brûlant 42 grammes d'huile à l'heure, dans les conditions énoncées dans les essais de la ville de Paris, d'après les instructions de MM. Dumas et Regnault.

Si, par suite des progrès de la science, on parvenait à mettre en usage courant dans le commerce, des lampes qui, tout en permettant, sans modifier les installations, d'utiliser les courants primitivement employés, absorberaient en moyenne moins de deux watts et demie par bougie, la Société concessionnaire serait tenue d'en faire profiter les consommateurs, de manière à leur fournir sans modification de prix, une quantité supérieure de lumière.

Il est bien entendu que cette clause profitera à la Commune pour tous ses éclairages.

II. — ÉCLAIRAGE PAR LAMPES A INCANDESCENCE AU COMPTEUR HORAIRE

Lampe de dix bougies	l'heure	0 fr. 03
Lampe de seize bougies	—	0 fr. 04
Lampe de trente-deux bougies	—	0 fr. 08

Minimum de consommation exigé par l'abonné :

Dix francs par lampe de dix bougies.
Seize francs par lampe de seize bougies.
Trente-deux francs par lampe de trente-deux bougies.

III. — ÉCLAIRAGE AU COMPTEUR D'ÉNERGIE

Sept centimes l'hectowatt-heure pour les lampes de dix à trente-deux bougies.

Le minimum de consommation sera compté comme ci-dessus pour l'électricité au compteur horaire.

Les lampes normales devront consommer trois watts cinq par bougie décrite précédemment.

Les abonnés au compteur ne pourront pas utiliser les lampes dites de faible consommation, c'est-à-dire d'une consommation inférieure à 3,5 watts par bougie.

ART. 9

Paiements

La Société aura le droit de demander les paiements par mois échus.

Si l'abonné ne paie pas sa facture de consommation dans un délai de 5 jours à dater de la présentation, le Société pourra refuser de continuer la fourniture du courant, sous toutes réserves de poursuivre par toutes les voies de droit, l'exécution de la police.

Il en sera de même en cas de fraude constatée.

ART. 10

Vérification du Concessionnaire

Tout preneur de lumière électrique sera tenu de se soumettre à toutes vérifications des agents du concessionnaire.

ART. 11

Interruptions

La Société ne sera passible d'aucune retenue si des interruptions se produisent par des cas de force majeure dûment constatés.

Mais elle devra tenir compte aux abonnés à forfait de la perte de l'éclairage qu'ils auront subie.

ART. 12

Eclairage des propriétés communales ou publiques

Si la commune fait des installations particulières dans les bâtiments ou propriétés communales, ou dans des immeubles affectés à des services publics, en dehors des prévisions contenues dans l'art. 14 ci-après, elle sera soumise aux conditions des art. 6, 7, 8 qui précèdent, mais elle bénéficiera d'une réduction de 10 o/o sur les prix du tarif d'installation et d'appareillage et de 20 o/o pour la lumière sur les prix forfaitaires.

§ II. — ECLAIRAGE PUBLIC

ART. 13

Fourniture du gaz

Nonobstant l'installation de la lumière électrique, et sa substitution au gaz pour l'éclairage public, la Société devra conserver l'installation actuelle pour l'éclairage au gaz pendant 5 ans au moins, pour le fonctionnement de l'éclairage des particuliers ou pour le chauffage.

Dès le jour de la substitution de l'éclairage électrique au gaz, la Société, pour garantir la Commune contre l'éventualité de l'interruption de l'électricité, devra, à son choix, ou employer le gaz dans tous les becs existant actuellement pour l'éclairage public, ou fournir soixante lampes à pétrole, du type qui sera choisi par la Municipalité, lesquelles seront placées en permanence aux endroits déterminés par la Commune, dans les réseaux urbains et suburbains, et aux frais de la Société concessionnaire. La charge de l'allumage et de l'entretien incombera à la Société.

Si la cause de l'interruption se prolonge au-delà de deux jours, la Société sera tenue de fournir un éclairage équivalent à celui supprimé. La Commune se réserve de contrôler par des expériences périodiques le bon fonctionnement de ce matériel de secours.

Si, à l'expiration des cinq ans ci-dessus, la Société justifie que la fourniture du gaz pour chauffage et éclairage des particuliers est réduite au quart de la consommation actuelle, le Conseil municipal déchargera la Société de son obligation relativement à la concession du gaz, et déclarera cette concession définitivement résiliée sans aucune indemnité de part et d'autre.

La Société, devra dans tous les cas, régler avec les intéressés, à ses risques et périls et sans aucune responsabilité pour la Ville, pour toutes les polices actuelles, non échues à l'expiration des cinq ans.

ART. 14

Nombre et naturé des lampes électriques

Pour l'éclairage des rues, places, chemins compris dans les réseaux urbains, et l'éclairage des agglomérations traversées par le réseau suburbain et pour l'éclairage des bâtiments communaux ou affectés à des services publics, la Société devra fournir à la Ville, en remplacement de l'éclairage par le gaz :

1° Trois cents lampes à incandescence, dont deux cents lampes de seize bougies, et cent lampes de trente-deux bougies, avec faculté pour la Ville, de demander sans frais pour elle, lors de l'installation primitive, le remplacement de tout ou partie des 100 lampes de 16 bougies en 160 lampes de 10.

2° Dix lampes à arc de 7 à 800 bougies chacune, recevant huit ampères chacune.

Fourniture, installation, répartition, entretien des lampes électriques

Les 300 lampes à incandescence seront fournies, placées et entretenues et remplacées par la Société, sans frais pour la Ville.

La Société aura la faculté de se servir à cet effet des installations actuelles pour le gaz, en les modifiant pour l'électricité, et elle fournira pour les nou-

velles lampes, toutes consoles et candélabres nécessaires, au moins aussi convenables que ceux qui
existent actuellement.

Ces 300 lampes seront installées partie dans les
immeubles affectés aux services publics, partie dans
les réseaux décrits, dans la proportion indiquée par
la municipalité, aux endroits désignés par elle. Il est
réservé à la commune la faculté de demander le
dédoublement partiel des 100 lampes de 32 bougies,
en payant les frais de ce dédoublement.

Les 10 lampes à arc seront fournies et placées,
entretenues et remplacées par la Société et à ses frais
dans le réseaux urbain et à Rives, aux endroits désignés par le Conseil municipal, mais la Société n'entend
prendre à sa charge qu'une installation modeste
quant aux candélabres, et limite sa dépense de ce
chef, à la somme totale de quatre mille francs pour
l'installation primitive de ces lampes à arc qui
seront néanmoins munies des appareils les plus perfectionnés.

Si la Ville désire des candélabres de luxe, elle
pourra les imposer à la Société, en prenant à sa
charge la dépense supplémentaire qu'ils occasionne-
ront.

ART. 15

Durée de l'éclairage des lampes publiques et municipales

L'éclairage des lampes à incandescence sur les
voies publiques, aura lieu toute l'année ; il commen-
cera à la chute du jour et finira à minuit et demi, sauf
pour 25 lampes de 32 bougies, et 75 lampes de 16
bougies, à désigner par le Conseil municipal et qui
continueront à éclairer toute la nuit.

La Ville aura le droit d'exiger le remplacement des
lampes qui auront perdu leur pouvoir éclairant,
quel que soit le nombre d'heures de leur service.

L'éclairage des lampes placées dans les édifices
affectés à des services publics, sera librement prati-
qué dès la chute du jour jusqu'à son lever.

Les lampes à arc seront éclairées pendant quatre mois, du 1ᵉʳ juin au 1ᵉʳ octobre, dès 7 heures et demie du soir jusqu'à minuit et le cas, échéant, deux jours par an, en dehors de cette période. Sur ces dix lampes à arc, trois au choix de la commune seront éclairées toute l'année, sans augmentation du prix forfaitaire prévu à l'art. 16 ci-après.

ART. 16

Prix et paiement

En compensation des charges prises par la Société, pour la fourniture, l'entretien, le remplacement, l'éclairage et l'extinction des lampes ci-dessus prévues pour tout l'éclairage communal, il sera alloué à la Société, à titre de forfait, une somme annuelle de douze mille trois cent cinquante francs.

Cette somme sera payable par trimestre échu depuis le commencement de l'éclairage électrique jusqu'au 1ᵉʳ janvier 1938.

ART. 17

Augmentation de l'éclairage public

La Ville pourra augmenter dans les réseaux prévus, ses éclairages des rues, places et chemins publics, quand bon lui semblera, en payant en ce qui concerne les lampes à incandescence, moitié du prix de revient pour l'installation, et pour la lumière, les prix appliqués aux particuliers, réduits de 20 o/o.

En ce qui concerne les lampes à arc à créer dans les mêmes conditions que les dix premières installées, la Ville paiera deux cents francs par lampe et par an pour l'énergie et la moitié des frais de l'installation.

CHAPITRE IV

Conditions générales

ART. 18

Prévision d'impôt spécial

Si, par suite d'une nouvelle loi, l'industrie électrique était frappée d'un impôt spécial, les prix fixés comme maximum pour l'éclairage des particuliers et public, seront augmentés proportionnellement. Cette augmentation donnera lieu à une révision du tarif actuel qui sera soumis à l'approbation du Conseil municipal.

ART. 19

Prélèvement sur les recettes d'éclairage

Si les recettes provenant des particuliers et de la municipalité de Thonon pour l'éclairage électrique viennent à dépasser soixante-dix mille francs par an, il sera prélevé sur l'excédent le 20 o/o dont les concessionnaires feront bénéficier la Ville, pour l'augmentation ou l'amélioration de ses éclairages.

ART. 20

Découvertes nouvelles

Dans le cas où un moyen quelconque d'éclairage, autre que ceux connus jusqu'à ce jour, viendrait à être découvert, et qu'il y aurait avantage réel à l'utiliser à Thonon, la commune aura le droit de mettre la Société concessionnaire en demeure de l'appliquer, et, au cas de refus de cette dernière, de racheter la concession sur le pied des bénéfices nets des trois dernières années ; le tout n'étant applicable que sous réserve des droits que la ville d'Evian pourrait avoir à exercer en vertu du traité de concession par elle accordé à M. Perrin et transmis par lui à l'Union électrique.

ART. 21

Amendes

Pour l'éclairage public, la Société sera responsable des faits de négligence de ses employés, et elle sera passible d'une retenue de 20 francs par contravention dûment constatée de demi-heure de retard sur le commencement de l'éclairage, ou de demi-heure d'anticipation sur l'extinction.

¯Ces retenues seront doublées pour des contraventions de plus d'une demi-heure.

Les lampes usées devront être remplacées immédiatement de façon à ne jamais produire d'interruption dans l'éclairage. La Société paiera pour chaque lampe qui cesse de fonctionner une retenue quotidienne de deux francs à partir du lendemain du jour où la Municipalité aura signalé l'interruption.

ART. 22

Cautionnement

Pour la garantie de l'exécution de l'engagement pris dans les présentes à l'art 1er, les concessionnaires verseront à titre de cautionnement, le jour de l'approbation des présentes par M. le Préfet, la somme de dix mille francs (10.000 francs) entre les mains du receveur municipal de Thonon, soit en espèces, soit en rentes sur l'Etat.

Cette somme ou ces rentes seront acquises à la Ville, à titre de dommages-intérêts dans le cas où, à l'expiration du délai d'un an prévu par le paragraphe 5 de l'art. 1er, la Société ne serait plus en mesure d'assurer l'éclairage électrique. De plus la concession sera retirée.

Cette somme sera restituée à la Société, si elle satisfait à cet engagement dans le délai fixé ou si les autres autorisations administratives n'étaient pas accordées.

Art. 23

Expiration de la concession. Rachat

A l'expiration du présent traité, la Commune aura le droit, sans y être tenue, d'acheter tout ou partie des installations de la Société, à dire des experts, sous réserve néanmoins, des droits que la Ville d'Evian pourrait avoir à exercer en vertu du traité de concession par elle accordé à M. Perrin, et transmis par lui à l'Union Electrique.

Au cas où elle voudrait exercer ce droit de rachat, la Commune fera connaître son intention deux ans avant l'échéance du présent traité.

Art. 24

Service provisoire. Résiliation

En cas d'interruption totale du service d'éclairage, et après mise en demeure, la Commune pourra assurer provisoirement le service aux frais et risques de la Société concessionnaire.

Si dans les trois mois de l'organisation des services provisoires, sauf le cas de force majeure, la Société n'a pas repris l'exploitation effectivement, le présent sera résilié de plein droit, si bon semble à la Ville, sans préjudice de tous dommages-intérêts.

Au cas où la faillite ou bien la liquidation judiciaire serait prononcée à l'encontre de la Société, et par le fait seul de cette prononciation, la concession deviendrait nulle et non avenue de plein droit, et la Ville pourra exercer le rachat dans les conditions prévues à l'art. 20.

Art. 25

Expertises

Toutes les fois qu'entre la Société et la Commune il y aura lieu à expertises, et notamment dans les cas des art. 20, 23 et 24, chaque partie nommera son expert, et en cas de désaccord entre ceux-ci, le troisième expert sera nommé par M. le Préfet, à la requête de la partie la plus diligente.

En·aucun cas, l'expertise ou la tierce expertise, prévue par cet article, ne pourront être considérés comme des arbitrages. Le résultat en sera toujours subordonné à l'adhésion du Conseil municipal, et à l'approbation de l'administration préfectorale.

ART. 26

Documents et plans

La Société concessionnaire devra faire imprimer le présent traité et en remettre gratuitement cent cinquante exemplaires à la Ville. Elle devra également fournir à la Commune un plan du réseau électrique communal, une fois l'installation primitive· exécutée, et le tenir constamment au courant, à l'échelle de 0,001. Chaque branchement d'immeuble y sera indiqué avec le nombre de bougies et de kilowatts installés. Ce plan sera complété par tous renseignements utiles et signalera les dispositions spéciales adoptées sur tel ou tel point du réseau, notamment dans les traverses de chaussées.

ART. 27

Frais inhérents au contrat

Tout les frais auxquels le présent contrat peut donner ouverture, sont à la charge de la Société concessionnaire.

ART. 28

Élection de domicile

Pour l'exécution des présentes, la commune de Thonon fait élection de domicile à la Mairie.

La Société devra faire élection de domicile à Thonon.

Ce domicile est attributif de juridiction.

Fait en double à Thonon, le 1er mars 1898.

LU ET APPROUVÉ
Pour l'Union Electrique,
Signé : ODIER.

LU ET APPROUVÉ
Le Maire de Thonon-les-Bains,
Signé : PINGET.

Vu et approuvé sous réserve des modifications apportées par le Conseil municipal dans sa séance du 9 avril 1898.

Signé :

Le Préfet : F. MASCLET.

Enregistré à Thonon, le 1er juin 1898.

Reçu : 6.020 fr. 75.

AVENANT

TRAITÉ ET CONVENTION

POUR

l'Éclairage Électrique de Thonon-les-Bains

du 1er Mars 1898

Entre Monsieur ROBERT ISLER, Directeur de la Société Electrique d'Evian-Thonon-Annemasse, dont le siège social est à Thonon-les-Bains, laquelle est substituée aux droits de la Société l'Union Electrique, anciennement 4, rue de la Paix, Paris, ainsi qu'il appert de l'acte de vente en date à Paris du 31 décembre 1907, enregistré, agissant en cette qualité et sous réserve d'approbation des présentes par le Conseil d'Administration de la dite Société, demeurant à Thonon-les-Bains, d'une part.

Et Monsieur JULES MERCIER, Sénateur, Maire de la ville de Thonon-les-Bains, demeurant en la dite ville, agissant en sa qualité de Maire et sous réserve d'approbation des présentes par le Conseil Municipal de la dite ville et l'autorité supérieure compétente,

d'autre part,

Il a été expliqué puis convenu ce qui suit :

Le traité et convention pour l'éclairage électrique de Thonon-les-Bains intervenu entre la Société l'Union Electrique et la ville de Thonon-les-Bains, le 1er

mars 1898, est modifié d'un commun accord comme
suit :

ART. 6

L'alinéa intitulé : « *Tarif maximum pour la location des compteurs* » est supprimé et remplacé par
ce qui suit :

TARIF MAXIMUM
pour la location des compteurs d'éclairage

	Puissance du compteur en watts	Prix annuel de location en Frs.
Compteur horaire. .	»	6 —
» d'énergie.	600	6 —
» »	1.200	9 60
» »	2.400	19 20
» »	6.000	25 20
» »	12.000	27 —
» »	18.000	33 —
» »	24.000	36 —
» »	36.000	40 —
» »	48.000	44 —

La Société Electrique s'engage à prendre à sa
charge la pose des compteurs en location ainsi que la
fourniture et le scellement de la planchette, mais ces
deux objets (compteur et planchette) resteront sa
propriété. Cette installation ne comprendra pas la
conduite d'amenée depuis les coupe-circuits d'entrée
jusqu'au compteur, ni le raccordement du compteur à
la distribution, conduites qui seront établies par la
Société Electrique seule, aux frais de l'abonné.

ART. 7

Les troisième et quatrième alinéas ainsi conçus :
« Les installations ainsi faites ne pourront être
« mises en service qu'après vérification et réception
« par les Agents des concessionnaires en présence
« du délégué de la Ville.

« Dans cette réception, on constatera non seule-
« ment que l'installation a un isolement électrique
« suffisant, mais encore qu'elle est faite selon les
« règles de l'art. »
sont supprimés et remplacés par :

Les installations particulières seront faites suivant
les prescriptions d'un « Cahier des charges pour l'exécution des installations particulières » type qui sera
établi par la Société Electrique et approuvé par le
Maire.

Elles ne pourront être mises en service qu'après
constatation qu'elles présentent un isolement électrique suffisant, vérification de l'exécution et réception
par un Agent de la Société Electrique.

La Société Electrique aura le droit absolu de refuser le courant à toute installation qui ne répondrait
pas à ces conditions.

ART. 8

Tout ce que contient cet article à partir du sous-
titre :

« I. ÉCLAIRAGE PAR LAMPE A INCANDESCENCE A FORFAIT »

est supprimé et remplacé par :

I. ABONNEMENT A FORFAIT

a) *Lampes de saison du 1er avril au 30 septembre*

Prix unique pour toutes les catégories de lampes,
par bougie-saison . . . . 1 fr.

b) *Lampes annuelles*

Catégories	Prix par bougie-année
I. Chambres à coucher, salons, caves, pavillons de jardin ; fabriques, ateliers et bureaux travaillant au maximum 10 heures par jour ; salle de classes, closets, granges, remises, écuries, fenils.	Fr. 1 25

II. Chambres ordinaires, cuisines, chambres à manger, locaux de vente; corridors et escaliers avec jour sur l'extérieur . . . . Fr. 1 50

III. Fournils, établissements publics, tels que : cafés, salles d'auberges, restaurants, etc.; cuisines et caves d'hôtels ou d'établissements publics; corridors et escaliers sans jour sur l'extérieur; lampes publiques . . . Fr. 2 —

Les prix sub *a* et *b* sont applicables aux lampes à incandescence consommant plus de 1,5 watt par bougie décimale. Les abonnés auront la faculté de remplacer ces lampes par d'autres consommant 1 à 1,5 watt par bougie décimale et donnant un éclairage double de celui des premières, sans augmentation de prix, mais à condition que ces types de lampes soient d'un usage courant dans le commerce.

c) *Limiteur de débit*

Prix par bougie-année de 3,5 watts :

Catégorie I	Fr. 2 —
id. II	Fr. 2 40
id. III	Fr. 3 20

Prix annuel de location du limiteur de débit, quelle que soit sa puissance . . . Fr. 6 —

La catégorie pour laquelle l'abonné paiera sera fixée par la catégorie la plus élevée des lampes desservies par le limiteur de cet abonné.

L'abonné au limiteur de débit aura la faculté d'utiliser n'importe quel genre de lampe à incandescence que ce soit, pourvu que la consommation spécifique de ces lampes ne soit pas inférieure à 1 watt par bougie décimale et qu'elles soient construites pour la tension moyenne du réseau. Il sera en outre exigé un minimum de débit de 105 watts par appareil.

La Société Electrique pourra prendre toutes mesures qu'elle jugera utiles pour éviter la fraude. Elle aura notamment le droit d'imposer à l'abonné l'emplacement du limiteur de débit et de faire visiter et vérifier ce dernier quand bon lui semblera.

La Société Electrique ne sera jamais tenue de fournir du courant au limiteur qu'au moyen d'un appareil qui soit sa propriété et qu'elle louera à l'abonné. Elle pourra toujours le changer à sa convenance et le remplacer par un autre appareil de son choix.

La pose du limiteur de débit sera effectuée gratuitement par la Société Electrique dans les mêmes conditions que le compteur d'énergie.

II. ABONNEMENT AU COMPTEUR

a) *Electricité au compteur d'énergie*

Prix de l'énergie. . Fr. 0,70 par kilowatt heure

Les abonnés au compteur d'énergie auront la faculté d'utiliser n'importe quel genre de lampe à incandescence que ce soit, à condition que la consommation spécifique de ces lampes ne soit pas inférieure à 1 watt par bougie décimale et qu'elles soient construites pour la tension moyenne du réseau.

b) *Electricité au compteur horaire*

Puissance lumineuse de la lampe en bougies	Prix par heure
10	Fr. 0,03
16	Fr. 0,04
32	Fr. 0,08

Les prix ci-dessus sont applicables aux lampes à incandescence consommant plus de 1,5 watt par bougie décimale. Les abonnés auront la faculté de faire remplacer ces lampes par d'autres consommant 1 à 1,5 watt par bougie décimale et donnant un éclairage environ triple de celui des premières sans augmentation de prix, c'est-à-dire que :

Les lampes consommant plus de 1,5 watt par bougie décimale de	pourront être remplacées par	des lampes consommant 1 à 1,5 watt par bougie décimale de
10 bougies	—	32 bougies
16 id.	—	50 id.
32 id.	—	100 id.

Les lampes à incandescence au compteur horaire

seront fournies, posées et scellées par la Société Electrique.

c) *Minimum de consommation*

Le concessionnaire pourra exiger de l'abonné au compteur un minimum annuel de consommation de Fr. 3 par lampe installée,

Si, par suite des progrès de la science, on parvenait à mettre en usage courant dans le commerce des lampes qui, tout en permettant, sans modifier les installations, d'utiliser les courant primitivement employés, absorberaient en moyenne moins de 1 watt par bougie décimale, la Société concessionnaire serait tenue d'en faire profiter les consommateurs, de manière à leur fournir sans modification de prix, une quantité supérieure de lumière.

Cet avantage au profit du consommateur ne lui sera accordé qu'à partir du jour où des lampes consommant 0,75 watt par bougie décimale seront d'un usage courant dans le commerce.

Il est bien entendu que cette clause profitera à la commune pour tous ses éclairages.

ART. 10

L'article 10 est supprimé et remplacé comme suit:

L'abonné sera tenu de se soumettre à toutes vérifications des Agents de la Société Electrique munis d'une carte de légitimation.

Il lui sera interdit de toucher ou de laisser toucher aux appareils de contrôle quels qu'ils soient par toute personne quelconque non munie d'une carte de légitimation émanant de la Société Electrique.

Au cas où les agents de la Société Electrique viendraient à constater soit qu'il a été touché aux appareils de contrôle et que ceux-ci se trouvent déplombés, soit qu'il a été commis un acte ayant pour but de fausser les indications des appareils, d'empêcher leur fonctionnement normal ou de n'obtenir qu'un enregistrement incomplet de l'énergie consommée, la Société Electrique se réserve le droit absolu de couper immédiatement le courant et sans préjudice de toutes poursuites et dommages-intérêts.

ART. 14

L'article 14 est supprimé et remplacé par ce qui suit:
. Pour l'éclairage des rues, places, chemins compris dans les réseaux urbains et l'éclairage des agglomérations traversées par le réseau suburbain et pour l'éclairage des bâtiments communaux affectés à des services publics, la Société Electrique devra fournir à la Ville, moyennant le forfait annuel de douze mille trois cent cinquante francs :

1) La lumière correspondant à un éclairement de 18,900 bougies décimales avec l'emploi de lampes métalliques.

La Ville de Thonon aura la faculté de répartir à son gré cette lumière au moyen de lampes d'une intensité lumineuse laissée à sa convenance.

2) 1,250 watts d'énergie électrique pour l'éclairage du nouveau Collège, au moyen d'un ou de plusieurs limiteurs de débit fournis, posés et entretenus gratuitement par la Société Electrique et réglés à la dite puissance de 1,250 watts.

L'entretien et le remplacement des lampes du nouveau Collège seront assurés par la Ville.

3) 10 lampes à arc de 700 à 800 bougies recevant 8 ampères chacune.

Les frais d'entretien et de remplacement des lampes à filament métallique seront à la charge de la Société Electrique jusqu'à concurrence du nombre de 401, dont 400 d'une intensité lumineuse de 16 à 50 bougies et 1 d'une intensité de 300 bougies. Si la Ville fait placer des lampes de plus de 50 bougies, chaque ampoule comptera pour autant d'unités que l'intensité lumineuse contiendra de 50 bougies ; chaque fraction de 50 bougies comptant pour une unité.

Le remplacement des lampes actuelles à filament de charbon par des lampes à filament métallique de pouvoirs éclairants à indiquer par la Commune dans les limites fixées au paragraphe précédent sera effectué par la Société Electrique et à ses frais dans le délai d'un mois à dater de la ratification du présent avenant par l'autorité préfectorale.

Tant que le nombre des ampoules dont la consommation est comprise dans le chiffre forfaitaire de 12,350 francs n'atteindra pas 401, la Société Electrique devra fournir à la Ville gratuitement un nombre d'ampoules à filament métallique de 16 à 50 bougies, à la demande de la Ville, égal au triple de la différence entre le chiffre de 401 et le nombre d'ampoules réellement installées. Le chiffre des ampoules installées sera basé sur la moyenne installée pendant l'année, mais la Ville aura le droit de se faire fournir les dites ampoules à partir du 1er Janvier de chaque année, au fur et à mesure de ses besoins.

Les 25 lampes à filament de carbone pour lesquelles la redevance annuelle est de 827 fr. 20, placées actuellement en surnombre de celles indiquées à l'article 14 du traité de 1898 seront également, dans le délai d'un mois, remplacées par la Société Electrique et à ses frais par des lampes métalliques.
Les lampes de 10 bougies par des lampes de 32 boug.

id.	16	id.	50 id.
id.	32	id.	100 id.

Ces lampes de 100 bougies seront, à la demande de la Ville de Thonon, remplacées par chacune 2 lampes de 50 bougies dont l'entretien et le remplacement incomberont à la Société Electrique.

Les frais d'installation des nouvelles lampes à placer pour atteindre les chiffres ci-dessus seront entièrement à la charge de la Commune.

Pour les éclairages futurs des rues, places, chemins publics et immeubles communaux, lorsque la Commune aura une redevance à payer, les prix fixés pour les lampes de 10, 16 et 32 bougies, consommant plus de 1,5 watt par bougie décimale, seront appliqués respectivement aux lampes de 32, 50 ou 100 bougies consommant 1 à 1,5 watt par bougie, sans que le total des lampes de 32 bougies consommant 1 à 1,5 watt par bougie, placées en vertu de ce paragraphe, puisse

dépasser le nombre de 20. L'entretien et le remplacement de ces lampes de 32, 50 ou 100 bougies sont à
la charge de la Société Electrique.

La Ville subira les conséquences des dégradations
d'appareils d'éclairage public dues à des actes de mal-
veillance.

ART. 19

L'article 19 du traité du 1er Mars 1898 est purement
et simplement effacé du contrat et au besoin annulé.

Disposition générale

Tous les articles ou parties d'articles du « Traité et
Convention » du 1er Mars 1898 non supprimés ou mo-
difiés par le présent avenant sont intégralement main-
tenus.

Dispositions transitoires

Les dispositions du présent avenant seront applicables aux abonnés au fur et à mesure de l'expiration
des polices en cours.

Toutefois des avenants à ces polices seront établis
si l'abonné le demande, pour lui permettre de profiter
immédiatement des avantages résultant des présentes,
mais le chiffre de la redevance actuelle ne pourra en
aucun cas et sous aucun prétexte en être diminué.

L'application du présent avenant ne pourra non plus
avoir pour effet de diminuer le chiffre de la redevance
actuellement payée à la Société Electrique par la Ville
de Thonon-les-Bains.

Frais inhérents au présent avenant

Les frais de timbre et d'enregistrement auxquels le
présent avenant pourrait donner ouverture seront à la
charge exclusive de la Société Electrique.

Fait à double à Thonon-les-Bains, le trente-un Décembre mil neuf cent dix.

Société Electrique d'Evian-Thonon-Annemasse
Direction à Thonon (Haute-Savoie)
Signé : ROBERT ISLER.

Le Maire de Thonon-les-Bains,
Signé : MERCIER.

Approuvé
Annecy, le 25 janvier 1911
Pour le Préfet et par délégation :
Le Secrétaire général,
Signé : MATRAIRE.

Enregistré à Thonon le 30 janvier 1911
Reçu : 3 fr. 75.

Société Électrique d'Evian-Thonon-Annemasse

Thonon-les-Bains, le 31 décembre 1910.

Monsieur le Sénateur,
Maire de la Ville de Thonon-les-Bains,

Monsieur le Maire,

Nous avons l'honneur de vous remettre sous ce pli le projet d'avenant à notre traité de concession, tel qu'il ressort des différents pourparlers que nous avons eu l'honneur d'avoir avec vous.

Nous vous prions de bien vouloir l'examiner et le faire approuver par votre Conseil Municipal, puis par l'autorité préfectorale compétente.

Nous vous confirmons ce qui a été convenu verbalement entre nous, c'est-à-dire que nous appliquerons aux abonnements à forfait les tarifs suivants, dès que l'avenant aura été régulièrement approuvé :

a) **Lampes de saison**

Prix par bougie-saison, consommant plus de 1,5 watt par bougie décimale . . . . . . 0 fr. 90

b) **Lampes annuelles**

Catégorie	Prix par bougie-année consommant plus de 1,5 watt par bougie décimale
I	1 fr.
II	1 fr. 25
III	1 fr 75

c) **Limiteur de débit**

Prix par bougie-année de 3,5 watts :

Catégorie	I.	1 fr. 60
»	II.	2 fr.
»	III.	2 fr. 80

Si dans l'avenir on trouvait dans le commercè des limiteurs pouvant se régler exactement pour un débit de 70 ou même de 35 watts, le minimum de débit par appareil sera abaissé à 70 ou 35 watts.

Cette modification sera appliquée à la suite de propositions du service du contrôle faites après essais contradictoires avec la Société Electrique.

Les prix ci-dessus seront appliqués comme s'ils figuraient à l'avenant, toutes les autres clauses de l'avenant étant maintenues intégralement.

Il est toutefois bien entendu que les rabais prévus par le traité au profit de la Ville, sur l'éclairage, s'appliqueront aux prix de l'avenant et non à ceux portés sur la présente lettre.

Ainsi qu'il ressort des dispositions de cet avenant, les abonnés faisant actuellement usage de la lampe à filament de carbone de 5 bougies pourront utiliser la lampe de faible consommation en installant des lampes de 16 bougies à filament métallique qui paieront comme lampe de 8 bougies à filament de carbone.

Lorsque les lampes à filament métallique de 10 bougies deviendront d'un usage courant dans le commerce, elles pourront aussi être utilisées par l'abonné qui paiera dans ce cas pour 5 bougies à filament de carbone.

Espérant que ces conditions trouveront un accueil favorable auprès de votre Municipalité, nous vous présentons, Monsieur le Maire, l'assurance de notre considération distinguée.

Le Directeur,

Signé : *R. ISLER.*